UNE SENTENCE

DU

BUDDHA SUR LA GUERRE

UN AVADANA SANSCRIT, DEUX SUTRAS PALIS, ET UN VERS DU DHAMMAPADA

PAR

LÉON FEER

Chargé de cours au Collége de France

> Jayo vairam prasavati | duḥkham çete parâjitaḥ ||
> Upaçantaḥ sukham çete | hitvâ jayaparâjayam. ||

La littérature bouddhique, étudiée dans son ensemble et dans les divers recueils entre lesquels elle se partage, nous présente de nombreux exemples d'un même sujet, point de doctrine ou fait historique, traité de plusieurs manières différentes. La comparaison de ces versions multiples est très-intéressante; elle peut jeter du jour sur la formation de la littérature bouddhique, et sinon sur ses premières origines, au moins sur les phases de son développement. Cette étude comparative est donc, à notre avis, une des voies les plus fécondes qui s'ouvrent à l'érudition, une de celles où il est le plus nécessaire d'entrer, et que l'on peut suivre avec le plus de fruit. Nous espérons le faire comprendre par l'essai que nous allons soumettre au lecteur, et dans lequel nous étudierons successivement trois narrations bien distinctes d'un même fait donné comme historique, à savoir une guerre qui aurait eu lieu entre le roi de Koçala Prasenajit, et le roi de Magadha Ajâtaçatru, guerre dont le Buddha aurait pour ainsi dire été témoin et dont nous trouvons le récit : — 1° dans

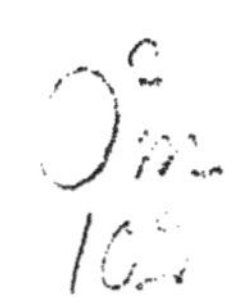

un livre sanskrit du Népâl, dont la version tibétaine fait partie du Kandjour, l'*Avadâna-çâtaka* « recueil des cent légendes »; — 2° dans un des grands recueils pâlis du Tripitaka, le *Sanyutta-nikâya*, 3e section du Suttapitaka; — 3° dans le commentaire pâli du *Dhammapada*, 2e ouvrage de la 5e section du Suttapitaka, le Khuddaka-Nikâya. — On voit que nous avons deux versions pâlies, deux versions du sud, à opposer ou comparer à une version du nord, à une version sanskrite-tibétaine. Rien n'empêche de supposer que d'autres versions puissent être ajoutées à cette liste; l'avenir seul montrera ce que cette supposition peut avoir de fondé. Mais les trois versions que nous avons sous la main sont déjà une base d'étude suffisante, et nous allons les examiner, sans nous préoccuper des compléments éventuels que des découvertes ultérieures pourraient requérir.

I. — LE RÉCIT NÉPALAIS-TIBÉTAIN DE L'AVADANA-ÇATAKA.

L'*Avadâna-çâtaka* est un recueil sanskrit de cent récits appartenant à la classe des *Avadâna* et groupés par dizaines ou décades, d'après un système de classification que nous n'avons pas à expliquer ici. Ce recueil, qui fait partie de la collection népalaise, existe en entier, et fidèlement reproduit (sauf une ou deux exceptions) dans la section *Mdo* du Kandjour tibétain, où il forme la première partie du volume XXIX. Je borne à ces quelques mots les indications générales que je devais donner sur l'ouvrage, et je passe immédiatement à la portion de ce livre qui doit nous occuper; c'est le dernier récit de la première dizaine, c'est-à-dire, le dixième de l'ouvrage entier. Il est intitulé *Râjâ*, « le Roi », et reproduit par une traduction littérale dans le Kandjour. Je commence par en donner la traduction en français.

Le Roi.

Le bienheureux Buddha... (1) résidait à Çrâvastî, à Jétavana, dans le jardin d'Anâthapindada.

(1) J'abrége ici une formule initiale placée en tête de tous les Avadânas, et qui résume les hommages offerts au Buddha.

Or, en ce temps-là, le roi de Koçala Prasenajit et le roi de Magadha, Ajâtaçatru, furent en hostilité l'un contre l'autre.

Le roi Ajâtaçatru, ayant donc rassemblé une armée formée de quatre corps, un corps d'éléphants, un corps de cavaliers, un corps de chars, un corps de fantassins, marcha contre le roi Prasenajit, de Koçala, pour le combattre.

Le roi de Koçala, Prasenajit, apprit que le roi Ajâtaçatru, ayant rassemblé une armée formée de quatre corps, un corps d'éléphants, un corps de cavaliers, un corps de chars, un corps de fantassins marchait contre lui pour le combattre; ayant donc rassemblé de son côté une armée formée de quatre corps, un corps d'éléphants, un corps de cavaliers, un corps de chars, un corps de fantassins, il s'avança à son tour contre le roi Ajâtaçatru pour le combattre.

Puis le roi Ajâtaçatru enleva au roi Prasenajit de Koçala son corps d'éléphants tout entier, il lui enleva son corps de cavaliers, son corps de chars, son corps de fantassins, et le roi Prasenajit de Koçala, vaincu, épouvanté, brisé, défait, réduit à tourner le dos, rentra dans Çrâvastî avec un seul char.

Il en fut ainsi jusqu'à trois fois.

Alors, le roi de Koçala Prasenajit entra dans son boudoir (chambre du chagrin) et appuyant sa joue sur sa main, il resta plongé dans ses réflexions.

Il y avait alors dans Çrâvastî un Çresthi (noble) riche, possédant de grandes richesses, opulent, ayant des possessions vastes et étendues, distingué par des richesses dignes de Vaiçravana, rivalisant d'opulence avec Vaiçravana : il avait entendu dire que le roi Prasenajit de Koçala, vaincu, brisé, défait, réduit à tourner le dos, était entré dans Çrâvastî. A cette nouvelle, il se rendit au lieu où était le roi Prasenajit de Koçala ; quand il y fut arrivé, il souhaita victoire et longue vie au roi Prasenajit de Koçala et lui dit : « Pourquoi, ô roi, concevoir un si grand chagrin ? Je donnerai assez d'or pour que le roi puisse encore mener ses affaires au gré de ses désirs » ; et il fit pour le roi un monceau d'or tel qu'un homme assis ne pouvait apercevoir un homme debout, ni un homme debout apercevoir un homme assis.

Alors le roi Prasenajit de Koçala envoya des espions dans toutes les parties de ses Etats, après leur avoir dit : « Ecoutez les discours que l'on tiendra. » Or, ils recueillirent cette conversation de deux lutteurs (*ou* vieillards ?) de Jetavana, qui disaient entre eux : « Il y a un ordre de bataille appelé *Kesari*, d'après lequel les guerriers les plus faibles sont placés au front de bataille, les moyens au milieu, les héros et les forts en arrière », puis la rapportèrent au roi.

A l'ouïe de ce discours, le roi Prasenajit de Koçala, ayant rassemblé une armée composée de quatre corps, — un corps d'éléphants, un corps de cavaliers, un corps de chars, un corps de fantassins, — s'avança contre le roi Ajâtaçatru pour le combattre.

Alors le roi de Koçala, Prasenajit, enleva le corps d'armée d'Ajâtaçatru, fils de Vaïdehî, tout entier, il lui enleva son corps de cavaliers, son corps de chars, son corps de fantassins ; le roi Ajâtaçatru, fils de Vaïdehî, vaincu, épouvanté, défait, réduit à tourner le dos, tomba vivant entre les mains du vainqueur, qui), l'ayant fait monter sur un seul char, se rendit au lieu où était Bhagavat : quand il y fut arrivé, il adora avec sa tête les pieds de Bhagavat, puis s'assit à quelque distance.

Assis à quelque distance, le roi de Koçala, Prasenajit, adressa ces paroles à Bhagavat : « Voici, vénérable, le roi Ajâtaçatru qui me hait depuis longtemps sans que je le haïsse ; il m'a attaqué quoique je ne l'aie pas provoqué. Je ne désire pas le priver de la vie ; et, comme il est fils de mon ami, je le laisserai aller en liberté. » — « Laisse-le aller en liberté », fut-il répondu : et Bhagavat prononça alors cette stance :

La victoire produit l'inimitié ; le vaincu est abîmé dans la douleur ;
Celui qui est paisible vit dans le bien-être, ayant renoncé à la victoire comme à la défaite (1).

Le roi de Koçala Prasenajit se dit alors en lui-même : « C'est grâce à ce Çresthi que j'ai recouvré mon royaume : il faut que je lui fasse un présent à son choix. » Le roi de Koçala Prasenajit invita donc le Çresthi à faire un choix. Le Çresthi répondit : « Voici mon désir :

(1) Ce vers est le 201e du Dhammapada, et se retrouve dans tous nos textes, dont il est pour ainsi dire le lien commun. Il n'est peut-être pas inutile, vu son importance, d'en donner l'original. Le manuscrit de l'Avadâna çataka a une lacune : il porte :

Jayo vairam prasavati duḥkham çêtê parâjita:
[Upaçanta :] sukham çêtê hitvâ jayaparâjayam.

Le mot *upaçanta* est omis, mais la traduction tibétaine aurait fourni le moyen de le restituer puisqu'elle renferme *ñe. bar. ji ra*, c'est que, pendant sept jours, la dignité royale soit à ma disposition, dans tout son éclat, et que j'en puisse user à mon gré. »

Alors le roi fit faire cette proclamation à son de cloche dans tout le pays qui lui était soumis : « J'ai remis la royauté au Çresthi pour une semaine. »

Aussitôt, le Çresthi reçut et nourrit pendant sept jours l'Assemblée des Bhixus avec le Buddha à sa tête, et des messagers furent envoyés au roi Prasenajit et à sa cour, de même qu'à tous ceux qui habitaient le pays de Kâçi et de Koçala pour leur dire : « Vous tous, choisissez ce que vous voulez, et goûtez le bien-être ; pour peu que vous veniez (ici), prenez votre refuge dans le Buddha, la Loi et l'Assemblée, mangez à mes frais, mais rendez hommage au Tathâgata.

C'est ainsi que pendant sept jours, par les soins de ce Çresthi, Bhagavat avec la troupe de ses Bhixus fut environné de grands honneurs, et que beaucoup de centaines de mille de créatures furent attachées à la vertu.

Quand les sept jours furent écoulés, le (Çresthi) tomba aux pieds de Bhagavat, puis, agrandissant son intelligence, il fit ce vœu : « Puissé-je, par cette racine de vertu, par cette production d'intelligence, par cet abandon complet que commande la loi du sacrifice, devenir un Buddha dans ce monde aveugle, sans guide, sans époux, (pour y être) le passeur à l'autre rive de ceux qui n'ont pas traversé, le libérateur de ceux qui ne sont pas délivrés, le consolateur de ceux qui ne sont pas consolés, l'auteur du Nirvâna complet pour ceux qui n'ont pas atteint le Nirvâna complet. »

Alors Bhagavat, ayant connu, relativement à ce Çresthi, la succession des causes et la succession des actes, fit un sourire.

Or, c'est la règle, quand les Buddha font un sourire.... (ici vient la description vingt fois répétée des effets du sourire d'un Buddha ; on la trouvera traduite par Burnouf (*Introduction à l'histoire du Buddhisme indien*, p. 201), je la passe et j'arrive immédiatement au

qui en est la traduction ordinaire. Du reste cette restitution est fournie par le vers du Dhammapada :

Jayan veram pasavati, dukkham seti parâjito
Upasanto sukham seti hitvâ jayaparâjayam.
Victor inimicitias procreat, male agit victus :
Sedatus bene agit victoria et clade relictis. (Fausböll, p. 36.)

dialogue engagé à ce sujet entre le Buddha et Ananda qui veut savoir la cause de ce sourire aux effets merveilleux).

— Bhagavat dit : Précisément, Ananda précisément : ce n'est pas sans cause que les Tathâgatas, Arhats, parfaits Buddhas, font le sourire. Vois tu, toi, Ananda, comment grâce à ce Çresthi, le Tathâgata avec la troupe de ses Bhixus a été honoré de cette façon, et une grande multitude ancrée dans la vertu. — Oui, vénérable. — Ce Çresthi, Ananda, par cette racine de vertu, cette production d'intelligence, cet abandon complet conforme à la loi du sacrifice, après trois Asankhyas de Kalpas obtiendra la Bodhi, proclamera la grande compassion, pratiquera les six Paramitâs, et sera un parfait Buddha sous le nom de Abhayaprada (« qui donne la sécurité »). Par les dix forces, par les quatre intrépidités, par les trois applications indépendantes de la mémoire, par la grande compassion, s'est réalisée pour lui cette loi du sacrifice qui n'est autre chose qu'une bonne disposition de l'esprit en ma faveur. »

(Avadâna Çataka, I, 10. Bkah-hgyur, Mdo, vol XXIX.)

Il est facile de distinguer dans ce récit deux portions nettement tranchées ; — l'une que j'appellerai historique, comprend la première moitié, le récit de la guerre des deux rois et de son dénoûment, jusqu'aux paroles, ou Gâthâs, prononcées par le Buddha ; — la deuxième moitié au contraire est purement légendaire. — L'histoire de ce personnage qui, en récompense d'un grand service rendu au roi, obtient pour sept jours l'exercice de la royauté, profite de cette faveur pour vénérer le Buddha et lui faire rendre hommage par le Roi et par tout le peuple, et est enfin récompensé de ce dévouement par la promesse d'être un jour lui-même un Buddha ; — cette histoire est un des thèmes par lesquels la légende bouddhique s'efforce d'inculquer aux peuples et aux rois le respect du Buddha et de sa corporation religieuse. Une bonne partie des Avadânas est conçue sur ce plan : un personnage d'un rang quelconque reçoit la promesse d'être un des Buddhas de l'avenir en récompense de quelque acte de foi envers le Buddha du temps actuel. Cet acte de foi est souvent fort insignifiant en lui-même ; dans notre texte, il est d'une grande importance ; il se rattache à un événement considérable, une guerre sérieuse, et consiste dans l'exercice d'une royauté éphémère, consacrée tout entière à la glorification de Çâkyamuni. Toutefois, n'insistons pas davantage sur cette partie du récit, qui n'a en réalité rien de spécial, puisqu'elle reproduit un thème convenu, plusieurs fois répété ; mais examinons soigneusement le point par lequel elle se différencie des autres récits établis sur ce thème : — le service que le personnage dont il s'agit avait rendu au roi.

C'est par ce point que les deux moitiés du récit, la partie appelée plus haut *historique*, et la partie qualifiée de *légendaire*, se touchent et se pénètrent. Un riche habitant de Çrâvastî avait fait gagner la victoire au roi de Koçala dans la guerre que ce prince soutenait contre un redoutable adversaire ; il avait mis de grandes ressources à la disposition du roi vaincu dans les premières rencontres, en lui donnant un monceau d'or si grand qu'un homme assis au milieu de cet or ne pouvait apercevoir un homme debout, ni un homme debout un homme assis. Je ne sais pas si l'on ne trouverait pas ailleurs quelque autre exemple, non-seulement de la libéralité d'un sujet venant à l'aide de son roi malheureux et ruiné, mais même du trait particulier par lequel on veut faire comprendre l'étendue de cette libéralité : toutefois ma mémoire ne m'en rappelle précisément aucun qui puisse servir de base de comparaison. Mais allons plus loin et voyons les effets d'un si généreux sacrifice. Grâce à l'armée qu'il avait pu recomposer avec cette grande quantité d'or, le roi d'abord vaincu triomphe complétement ; cependant notre texte nous apprend que la victoire ne fut pas due seulement à la formation de cette nouvelle armée, qui aurait pu être détruite aussi bien que les précédentes, qu'elle fut due aussi à l'adoption d'une tactique nouvelle, dont le roi eut connaissance par les rapports des émissaires qu'il avait envoyés de tous côtés pour savoir ce qui se disait dans le public. Cette partie de notre texte est fort intéressante, mais hérissée de difficultés, que nous allons examiner une à une.

1° Et d'abord c'est à Jetavana que les émissaires recueillirent la description de l'ordre de bataille à l'aide duquel le roi triompha. Qu'est-ce que ce Jetavana ? Est-ce le jardin célèbre de Çrâvastî, ce « bois du vainqueur », ou « du prince royal », comme le nom l'indique, donné pour résidence au Buddha et à ses moines? Ou y avait-il quelque autre Jetavana auquel notre texte ferait allusion ? Nous n'avons aucun renseignement qui nous autorise à admettre la deuxième hypothèse; et force nous est de croire que le Jetavana dont il s'agit est bien celui du Buddha. Mais nous ne pouvons dissimuler notre étonnement à la pensée qu'on serait allé dans ce jardin pour y apprendre précisément l'art de la guerre. Car à Jetavana, on prêchait la paix, le respect de la vie humaine et animale, la pitié pour tous les êtres; il ne devait se prononcer dans ce lieu que des paroles pacifiques; et c'est là qu'un roi aurait appris de quelle manière il faut s'y prendre pour vaincre son ennemi et ôter la vie à un grand nombre d'hommes! Au premier abord, le fait paraît invraisemblable; cependant nous verrons tout à l'heure que, dans cette calme retraite de Jetavana, les bruits du dehors venaient encore occuper les pensées des solitaires et des contemplatifs; les événements du jour pouvaient y être le sujet des conversations, et de conversations très diverses; et par conséquent, de l'asile de la paix a pu sortir un terrible instrument de guerre : le sort amène souvent de ces contradictions ironiques; mais reconnaissons en concluant qu'un lieu tel que Jetavana est une bien étrange école militaire.

2° Quels sont les personnages dont les émissaires du roi avaient recueilli les paroles? Le texte sanskrit leur donne la qualification de *Mâllâ*. *Mâlla* signifie « fort, robuste, excellent », mais spécialement « lutteur »; c'est aussi le nom d'un peuple, celui-là même sur le territoire duquel Çâkyamuni entra dans le Nirvâna (1). S'agit-il de deux personnages de ce peuple? Cela est possible, mais peu vraisemblable. S'agit-il de deux lutteurs? Ce serait bien là le sens le plus ordinaire du mot; mais il paraît à peine approprié à la circonstance; la lutte n'est pas la guerre, un lutteur n'est pas un soldat; et on ne voit pas que des

(1) *Kuçinâgara*, où s'accomplit Nirvâna, était la capitale des Mâllâs.

lutteurs aient spécialement qualité pour recommander la meilleure tactique militaire. On pourrait prendre le mot *mâlla* dans son acception la plus étendue de « bon, excellent, fort », et l'entendre, soit au sens purement moral en traduisant par « deux hommes supérieurs, de grand mérite » (ce qui serait bien vague), soit au sens que le mot, « bon, excellent » a primitivement dans toutes les langues, et qui exprime la valeur guerrière ; on pourrait alors traduire : « deux braves, deux champions. » Je ne m'appesantis pas ici sur la singularité de trouver deux hommes de guerre dans le jardin du Buddha : les observations que je pourrais présenter à cet égard rentreraient dans celles qui viennent d'être faites à propos de Jetavana. Après tout, le Buddha s'adressant à tous les hommes, il devait se trouver parmi ses disciples et parmi ses auditeurs des personnes de toute condition. L'acception à laquelle nous venons de nous arrêter pourrait donc être accueillie ; la seule objection qu'on y puisse faire est que ni cette nuance, ni aucune de celles que nous avons signalées, n'est confirmée par la traduction tibétaine, qui rend le mot *Mâlla* par *rgan-po* « vieillard ». Le mot sanskrit aurait-il cette extension ? Ou l'interprète tibétain, qui pourtant n'était jamais que l'auxiliaire d'un pandit indien, aurait-il pris sur lui de donner cette valeur au mot sanskrit, à cause de l'assimilation que l'on peut faire entre les notions de « vieillesse » et de « excellence » ? Du reste, une autre supposition s'offre à l'esprit, c'est celle d'une faute, de la substitution de *mâlla* à *mahallaka* qui, spécialement dans les livres bouddhiques, a le sens de « vieux ». Devons-nous donc admettre que le mot du texte *mahallaka* traduit par *rgan-po* « vieux » en tibétain, serait devenu *mâlla* sous la main d'un maladroit copiste ? Le manuscrit de l'Avadâna-çataka, le seul que nous ayons, est à la vérité rempli de fautes ; mais, d'un autre côté, le terme *mahallaka* est si fréquent, et doit être si bien connu des copistes, qu'on a peine à croire qu'il puisse être travesti par eux en *mâlla*. Quoi qu'il en soit, le terme de la traduction tibétaine ne peut passer pour l'équivalent exact et ordinaire de celui du texte sanskrit. C'est tout ce que nous pouvons affirmer avec le plus de certitude.

3° Quel était le sujet de la conversation de ces deux vieux ou de ces deux lutteurs, ou de ces deux champions, en un mot, de ces deux *mâllâs*? Un ordre de bataille qui consiste à mettre les guerriers les plus faibles au premier rang, les guerriers de seconde qualité au deuxième, les plus solides au troisième. — Cet ordre de bataille est-il indien? Il est permis d'en douter. Je ne sais si la tactique militaire des Aryas a été étudiée, ni si l'on a recueilli dans le Mahâbharata les renseignements que cette vaste épopée doit renfermer au sujet de leur ordre de bataille ; je confesse sur ce point mon insuffisance. Cependant, si je consulte Manu, la plus grande autorité juridique et classique de l'Inde, parmi les huit çlokas du VIIe livre (187-194) relatifs à l'ordre des armées en marche ou en bataille, je n'en vois qu'un qui paraisse se rapporter à notre sujet; c'est le 193e qui dit :

« Le roi doit placer dans les premiers rangs des hommes nés dans les provinces de Kuruxetra, de Matsya, de Pancâla, de Sûrasena, et des hommes agiles nés dans d'autres contrées (1). »

On voit par le çloka 19e du livre II que les pays cités dans le 193e du livre VII forment la terre privilégiée de Brahmarşi. En somme, Manu paraît recommander de mettre au premier rang l'élite des guerriers : c'est précisément le contraire de l'ordre de bataille décrit dans notre texte. Nous pouvons donc, jusqu'à plus ample informé, mettre au moins en doute que cet ordre de bataille soit propre aux Aryas, et chercher hors de l'Inde ce qui peut y correspondre.

Comment parler de la tactique dans l'antiquité sans songer à celle dont Nestor fait usage dans l'Iliade (IV, 297-300) et qui consiste à mettre en avant les cavaliers et les chars, en arrière la force de l'infanterie, au centre les guerriers les plus faibles ?

Ἱππῆας μὲν πρῶτα σὺν ἵπποισιν καὶ ὄχεσφι.

(1) Traduction de Loiseleur-Deslongchamps.

Πεζοὺς δ' ἐξόπισθε στῆσεν πολέας τε καὶ ἐσθλοὺς
Ἕρκος ἔμεν πολέμοιο· κακοὺς δ' ἐς μέσσον ἔλασσεν
Ὄφρα καὶ οὐκ ἐθέλων τις ἀναγκαίῃ πολεμίζῃ.

Par la disposition de la dernière ligne destinée à être, selon l'expression du poète, « le rempart de la guerre » (ἕρκος ἔμεν πολέμοιο) l'ordre homérique se rapproche de celui que nous étudions; par le reste, il en diffère ; en sorte que nous ne pouvons les identifier. Voyons donc à quel ordre de bataille connu nous pourrions comparer celui de notre texte.

Ne serait-ce pas à l'ordre de bataille des Romains? Du moins il me semble que la disposition décrite dans la conversation de Jetavana se rapproche de celle de la légion prise dans son ensemble, et rangée dans l'ordre de bataille que décrit Tite-Live au 8e chapitre de son VIIIe livre. Au premier rang, nous dit l'historien de Rome, étaient les gens armés de piques (prima acies hastati erant); c'était un corps de *jeunes soldats* (Hæc prima frons in acie florem juvenum pubescentium ad militiam habebat); la seconde ligne était formée par les *Principes* (quibus *principibus* est nomen), un corps de soldats *plus âgés* et aussi *plus formés* (robustior ætas) ; le troisième l'était par les *Triaires*, que Tite-Live appelle : veteranum militem spectatæ virtutis. A la vérité, il semble distinguer parmi les Triaires trois divisions échelonnées dans l'ordre inverse de celui que nous venons de décrire : mais nous n'avons pas à nous occuper de ce détail secondaire; les traits généraux seuls doivent fixer notre attention; or il nous semble que la légion romaine considérée de ce point de vue, présente le spectacle décrit dans notre texte, de trois lignes formées de soldats inégaux, depuis les plus jeunes et les moins exercés placés en avant jusqu'aux plus anciens et aux plus braves placés en arrière.

Comment peut-on s'expliquer dans un livre sanskrit et bouddhique une allusion à l'ordre de bataille des Romains? Très-facilement. On sait que Kaniṣka, l'un des plus grands et des plus puissants rois de l'Inde, quoique n'étant pas de race ni de nationalité Aryenne, et qui avait le centre de son empire sur l'Indus, étendant sa domination à gauche de ce fleuve sur le Jambudvîpa, à droite sur la Bactriane, fut un des protecteurs et des propagateurs du Bouddhisme ; on lui attribue même la tenue d'un concile, le dernier de tous, celui dans lequel on aurait définitivement arrêté le texte de la collection bouddhique, en sorte que, si l'on en croit cette tradition, le texte de l'Avâdana-çataka devrait dater de son règne. Or ce roi vivait un peu avant le commencement de notre ère ; il était contemporain de César ; il faillit être engagé dans les luttes qui suivirent la mort du dictateur et préparèrent l'établissement du principat d'Auguste ; il traita même avec Antoine, et l'on a découvert sur les bords de l'Indus des monnaies qui se trouvaient réunies, et frappées les unes au nom de Kaniṣka, les autres au nom de César, les autres au nom d'Antoine. Qu'y aurait-il donc d'étonnant à ce que dans un livre bouddhique, dont certaines parties au moins peuvent dater de la compilation faite par les ordres de ce roi, on trouve une allusion à l'ordre de bataille des Romains ; et quel a dû être le résultat le plus certain des négociations engagées par un prince puissant de l'Inde avec les successeurs immédiats de César, sinon un emprunt fait à la tactique militaire des conquérants du monde (1) ?

Ce qui semble, au premier abord, rendre cette allusion en-

(1) Cet argument repose sur l'identification du nom de *Kaniṣka* fourni par les textes indiens avec celui de *Kanerkes* lu sur les médailles auxquelles nous faisons allusion. Kanerkes est-il bien le même que Kaniṣka ? On l'admet assez généralement. Mais peut-être cette identification laisse-t-elle un doute dans quelques esprits ; je n'entreprendrai point de la démontrer. Je dirai seulement que la sifflante ṣ est une cérébrale, que la lettre *r* est aussi une cérébrale : ce qui établit entre ces deux lettres une parenté, justifiée par la permutation générale de l's et de l'*r* (en latin *labos* et *labor*, *asa* pour *ara*) et par la permutation plus spéciale au cas qui nous occupe de la sifflante cérébrale ṣ avec *r* attestée par le rapport existant entre la racine sanskrite *uṣ* « brûler » et le latin *ur-o*, *us-tus*. Il paraît donc assez facile de passer du ṣ sanskrit à l'*r* latin ou grec.

core plus certaine, c'est le nom donné à l'ordre de bataille dont nous parlons ; il est appelé *Kesarî*. Le texte porte en effet :

Asti kesarî nâma sangrâma :
Est Cæsarî nomine acies.

Peut-on croire que les Hindous contemporains de la bataille d'Actium, cherchant à imiter dans leurs armées l'ordonnance romaine, lui eussent donné un autre nom que celui de « césarien » ? Ce serait là un argument concluant, si le mot *kesarî* ne pouvait s'expliquer par le sanskrit. Mais il n'en est rien ; le mot *kesarî* appartient à la langue des Aryas ; voyons seulement de quelle manière il doit s'interpréter.

Il y a en sanskrit, disons-nous, un mot *kesarî* ; il y en a même deux selon qu'on emploie la sifflante palatale ou la dentale ; mais du reste les deux orthographes se confondent. Keçarî par *ç* palatal vient de *keçara* « chevelure » (terme qui est lettre pour lettre, le mot latin *cæsaries*) et signifie littéralement « un animal chevelu » ; c'est un des noms du lion. Ce nom du « lion » appliqué à un ordre de bataille ne serait pas déplacé et serait d'ailleurs très-conforme aux habitudes indiennes : Manu donne plusieurs noms d'animaux à certaines dispositions d'une armée en marche (1) ; mais il ne cite ni la disposition, ni la dénomination qui nous occupent en ce moment. *Kesarî* écrit par un *s* dental signifie « fibre, filament » et cette signification est considérée comme dérivant de *keçara* « chevelure » ce qui explique pourquoi l'orthographe de ces deux mots est flottante, pourquoi on écrit indifféremment l'un pour l'autre, pourquoi, enfin, les deux significations principales qui les distinguent s'attachent également bien à chacun d'eux. Aussi tiendrions-nous peu de compte de cette circonstance, que *kesarî* est écrit dans notre manuscrit par un *s* dental, et préférerions-nous sans hésiter le sens de « lion » à celui de

(1) VII, 187.

« fibre », si la traduction tibétaine ne venait contrarier cette préférence.

En effet, ce sens de « fibre, filament » que nous serions forcé d'accepter, si aucun autre ne s'offrait, mais qui nous semble devoir être repoussé quand il s'en trouve un plus satisfaisant, est précisément celui que la traduction tibétaine a admis ; car elle rend *késarî* par *padma-i ze-va* « fibre de lotus ». L'interprétation ne peut donner lieu à aucun doute. Seulement, et cela nous dispense de rechercher comment une semblable dénomination pourrait s'appliquer à un ordre de bataille, la traduction tibétaine précisant cette dénomination dans un sens dont le texte ne donne aucune idée, fait de ce mot un nom de pays. La phrase tibétaine est en effet :

Padma-i ze-va jes bya vai yul-gyi dgra-thabs yod.

Loti fibrum sic dictæ regionis hostilis ratio est.

« Il y a un procédé de guerre du pays appelé Fibre de lotus. »

Comment expliquer une pareille traduction ? Le sanskrit *sangrâma* n'a pas, que je sache, d'autre sens que celui de « bataille », on le fait venir de *san* « avec » et *kram* « marcher » (congredi). Cependant le mot *grâma* signifiant « village », *sangrâma* semble pouvoir signifier « une réunion de villages, une contrée » ; ce qui justifierait la traduction tibétaine *yul* « pays ». Mais cette acception du mot *sangrâma* n'existe pas ; et d'ailleurs dans la suite du texte, le même terme revient un peu plus bas, et le tibétain le rend très-bien par « combat », ce qui semble exclure la possibilité d'une méprise ou d'une signification attribuée arbitrairement au mot *sangrâma*. Cependant le terme tibétain qui signifie « bataille » est *gyul*, lequel ne diffère de *yul* (pays) que par la préfixe *g*. Est-ce à la confusion des deux mots *yul* et *gyul* que serait due la traduction que nous avons tant de peine à expliquer ? Je ne le pense pas. Malgré les difficultés qui nous arrêtent, la phrase est au total fort claire ; et s'il y a dans la traduction tibétaine une expression qui ne peut cadrer avec le texte sanskrit, il faut voir dans ce défaut d'harmonie autre chose que de petites méprises. Peut-être même cette circonstance vient-elle à l'appui de l'opinion qui nous a fait voir dans le mot *kesari* le nom de César. En effet, des trois interprétations que l'on peut donner de ce terme, celle de « Césarien », celle de « lion », celle de « fibre de lotus », la traduction tibétaine choisit la moins satisfaisante assurément, et encore ne l'adopte-t-elle qu'en modifiant le texte d'une façon arbitraire (au moins à ce qu'il semble), en mettant ce qui n'y est pas, en faisant du nom d'une disposition stratégique le nom d'un pays; par là, la traduction écarte l'acception de « lion », qui serait très-admissible, et que nous ne pourrions avoir aucune raison de repousser, si un indice quelconque nous mettait sur la voie de la considérer comme véritable. Mais puisque cette acception si naturelle est virtuellement repoussée par la traduction tibétaine, il en résulte que nous ne pouvons l'adopter, sans pour cela être obligé d'accueillir l'interprétation tibétaine, qui devient alors, par le fait, une sorte de confirmation très-indirecte de la signification de « Césarien » ou de « Romain ». En effet, il ne serait nullement étonnant, si telle était la vraie valeur du mot *kesari*, que cette valeur ne fût pas reproduite dans la traduction tibétaine; car, si l'ordre de bataille décrit dans notre texte est bien l'ordre de bataille des Romains, et si le nom de cet ordre de bataille est emprunté à celui de César, la phrase qui y fait allusion, relative à des circonstances temporaires, et parfaitement intelligible pour les contemporains, pouvait fort bien ne plus l'être pour leurs descendants, c'est-à-dire quelques siècles plus tard, lors de la version des livres bouddhiques en tibétain. Alors les interprètes, pour lesquels la traduction des expressions les plus difficiles du Bouddhisme n'était peut-être qu'un jeu, ont bien pu se trouver embarrassés par des termes rappelant un état de choses passager, et depuis longtemps disparu; on s'expliquerait assez facilement par là qu'ils eussent pris un nom d'homme pour un nom de pays; et que la qualification de *césarien* ne désignât plus sous leur plume « que le pays des fibres de lotus (1). » Quoi qu'il en soit nous res-

(1) En effet késari étant l'équivalent de « romain » ne rappelle au

tons avec ces trois interprétations, celle de « césarien » justifiée par des analogies et des rapports historiques, plus vraisemblables que certains; celle de « lion » parfaitement conforme à la langue et au génie indien, mais non suffisamment appuyée par les sources de renseignements dont nous pouvons disposer; enfin celle de « fibre de lotus » soutenue par une autorité grave, mais très-peu satisfaisante en elle-même, et présentée sous une forme qui est de nature à inspirer les doutes les plus légitimes si l'on n'y voit la confirmation indirecte de la première interprétation. On n'ose guère se prononcer dans une si grande incertitude ; j'avoue cependant que la première interprétation est encore celle à laquelle je m'arrêterais, si j'avais à faire un choix et que je serais disposé à voir dans Kesarî, la trace du nom de César et le sens de « césarien » ou « romain ».

Si le sens du mot Késarî était fixé comme nous venons de l'indiquer, la date de notre texte (je parle du récit qui nous occupe, et non pas de la collection de l'*Avadâna-çataka* tout entière), serait fixée par cela même; car il ne serait guère possible de la rapporter à un autre temps qu'à celui du règne de Kaniṣka et du troisième concile, selon les Bouddhistes du nord. Je ne puis prendre sur moi d'affirmer cette date, qui n'est pas suffisamment démontrée: mais il est une chose que je puis avancer avec pleine assurance, et cette assertion viendrait à l'appui de la date indiquée; c'est qu'une partie de notre récit, celle que j'ai appelée historique, est antérieure et à Kaniṣka et à César et aux négociations entre des chefs romains et des princes indiens; car elle a son pendant dans la littérature pâlie. Le texte pâli correspondant fait partie du *Sanyutta-nikâya*,

fond que le nom d'un peuple ou d'un pays, quoiqu'il soit dérivé d'un nom d'homme; or ce nom de késarî ayant en sanskrit une signification, celle de « fibre de lotus » a dû être pour ceux qui ne se rappelaient plus les faits et qui voyaient dans ce nom le simple souvenir d'une importation étrangère, la désignation d'un pays abondant en Késarî, c'est-à-dire en fibres de lotus.

dans lequel on trouve les textes les plus anciens du Bouddhisme; on est convenu d'admettre que le Tripitaka se présente à nous sous la forme de la compilation qui en fut faite par l'ordre d'Açoka au concile de Pâtaliputra, le troisième concile selon les Bouddhistes du Sud, en l'an 245 avant notre ère. Or le récit sanskrit du Népal et le récit pâli de Ceylan, quoique très-semblables, ne concordent pas en tous points; ils ne sont pas la traduction l'un de l'autre; ils dérivent donc d'une source commune, d'un texte original antérieur à la rédaction définitive adoptée pour chacun, antérieur donc même à l'an 245, si c'est bien en 245 que le texte pâli reçut à Pâtaliputra sa forme définitive. S'il en est ainsi, on comprend aisément que, deux ou trois siècles plus tard, les docteurs contemporains de Kaniṣka, réunis en concile par ses ordres, aient ajouté à ces récits les agréments qui leur ont paru appropriés soit au sujet, soit aux circonstances, et en particulier des allusions politiques et militaires devenues par la suite autant d'énigmes pour leurs successeurs.

II. — LE RÉCIT PALI DU SANYUTTA-NIKAYA.

Maintenant, nous avons à faire connaître la version pâlie qui se trouve dans le 2e chapitre de la section du *Sanyutta-nikâya*, intitulée *Kosala-sanyuttam* (1), parce que le roi de Kosala est le héros de tous les Sutras réunis dans cette portion du livre. Toutefois avant de donner la traduction du texte pâli que nous voulons comparer avec le texte sanskrit du Népal, il nous paraît utile de résumer les faits historiques tels que nous les donne l'Avadâna-çataka.

Prasenajit, roi de Koçala, et Ajâtaçatru, roi de Magadha, sont en guerre. Par quel motif, et pour quel objet? On ne nous le fait pas connaître. C'est Ajâtaçatru qui commence les hostilités,

(1) Les différents *Sanyutta* qui, au nombre de 50 à 60, composent le recueil tout entier, sont distribués dans cinq grandes sections dont la première est intitulée *Sâgatha*; c'est dans celle-là que se trouve le *Kosala-Sanyutta*.

Prasenajit essuie trois défaites successives. — Mais bientôt la guerre recommence et prend un autre aspect, grâce à des circonstances que nous avons déjà étudiées et qui appartiennent à un autre ordre de traditions. Cette fois, Ajâtaçatru est vaincu dès la première bataille ; il est fait prisonnier : le vainqueur, ému de compassion pour le fils de son camarade (car Bimbisâra, père d'Ajâtaçatru, qui le tua pour régner à sa place, était né le même jour que Prasenajit et que Çâkyamuni) va lui-même consulter le Buddha dans sa résidence de Jetavana pour savoir s'il ne ferait pas bien de rendre au vaincu la liberté avec sa couronne et son armée. Le Buddha, dont les réponses sont des oracles, approuve ce dessein, et prononce une sentence morale sur les inconvénients de la victoire, sur les maux de la défaite, et sur les avantages d'une conduite pacifique (sentence devenue, comme nous l'avons dit, le vers 201 du Dhammapada).

On va voir que, malgré une très-grande ressemblance dans l'ensemble et des expressions parfois identiques dans le détail, les faits sont présentés d'une manière quelque peu différente dans le récit du *Sanyutta-nikâya,* dont voici la traduction.

DEUX DISCOURS A L'OCCASION D'UN COMBAT.

A

Bhagavat résidait à Çrâvasti, à Jetavana, etc.

Or le roi de Magadha, Ajâtaçatru, fils de Vedehî, ayant formé une armée composée de quatre corps, s'avança contre le roi Prasenajit, de Koçala, à l'endroit où était Kâçi.

Le bruit en vint aux oreilles de Prasenajit, roi de Koçala : « Le roi de Magadha, Ajâtaçatru, fils de Vedehî, ayant formé une armée composée de quatre corps s'est avancé contre moi du côté de Kâçi ; » se dit-il.

Alors, le roi Prasenajit de Koçala, ayant formé une armée composée de quatre corps, marcha à son tour contre le roi de Magadha, Ajâtaçatru, fils de Vedehî, jusqu'à Kâçi.

Puis, le roi de Magadha, Ajâtaçatru, fils de Vedehî, et le roi de Koçala, Prasenajit, en vinrent aux mains ; et, dans cette bataille, le roi de Magadha, Ajâtaçatru, vainquit complétement le roi Prasenajit. de Koçala. Défait, le roi de Koçala Prasenajit, s'enfuit du champ de bataille jusqu'à sa capitale Çrâvastî.

Cependant un grand nombre de Bhixus, s'étant levés de bon matin, ayant pris leur manteau et leur vase à aumônes, entrèrent dans Çrâvastî pour mendier. Après être allés dans Çrâvastî pour mendier ils se partagèrent les aumônes. Revenus de (leur tournée pour) les aumônes, ils se rendirent au lieu où était Bhagavat; quand ils y furent arrivés, ils saluèrent Bhagavat et s'assirent à distance respectueuse. Ils adressèrent ainsi la parole à Bhagavat :

« Ici, ô vénérable, le roi de Magadha Ajâtaçatru, fils de Vedehî, ayant rassemblé une armée composée de quatre corps d'armée s'est avancé contre Prasenajit, roi de Koçala, jusqu'à Kâçi, etc..., (comme ci-dessus)... et dans ce combat, ô vénérable, le roi de Magadha, Ajâtaçatru, fils de Vedehî, a vaincu complétement le roi de Koçâla Prasenajit. Défait, le roi de Koçâla, Prasenajit, s'est retiré du champ de bataille dans sa capitale, Çrâvastî »

— « Bhixus, le roi de Magadha, Ajâtaçatru, fils de Vedehî, est un ami du mal, un compagnon du mal, un adhérent du mal; Bhixus, le roi de Koçala, Prasenajit, est un ami du bien, un compagnon du bien, un adhérent du bien; et, aujourd'hui même, Bhixus, le roi de Koçâla, Prasenajit, est cette nuit même abîmé dans la douleur, après avoir subi une défaite.

Un vainqueur fait naître l'inimitié, le vaincu est abîmé dans la douleur;

L'homme paisible repose tranquillement ayant renoncé à la victoire comme à la défaite. »

B

Puis le roi de Magadha, Ajâtaçatru, fils de Vedehî, ayant réuni une armée composée de quatre corps, s'avança contre le roi de Koçâla, Prasenajit, jusqu'à Kâçî.

La nouvelle en vint aux oreilles de Prasenajit, roi de Koçâla. « Le roi de Magadha, Ajâtaçatru, fils de Vedehî, ayant formé une armée composée de quatre corps s'est avancé contre moi jusqu'à Kâçî; » se dit-il.

Ayant alors formé une armée composée de quatre corps, le roi de Koçâla, Prasenajit, s'avança contre le roi de Magadha, Ajâtaçatru, jusqu'à Kâçî.

Puis, le roi de Magadha, Ajâtaçatru, fils de Vedehî, et le roi Prasenajit de Koçala, en vinrent aux mains.

Or, dans le combat, le roi de Koçala, Prasenajit, vainquit complètement le roi de Magadha, Ajâtaçatru, et le prit vivant.

Puis, le roi de Koçala, Prasenajit, eut cette pensée : « Pourquoi ce roi de Magadha, Ajâtaçatru, fils de Vedehî, agit-il mal envers moi, qui n'agis point mal envers lui? et cependant c'est mon neveu! Ne ferais-je pas bien de rendre au roi de Magadha Ajâtaçatru, fils de Vedehî, tout son corps d'éléphants, tout son corps de cavalerie, tout son corps de chars, tout son corps d'infanterie, et de le laisser aller en vie?

Et le roi Prasenajit, de Koçâla, ayant rendu au roi de Magadha, Ajâtaçatru, fils de Vedehi, tout son corps d'éléphants, tout son corps de cavalerie, tout son corps de chars, tout son corps d'infanterie, le laissa aller vivant.

Puis beaucoup de Bhixus, s'étant levés de bon matin, ayant pris leur manteau et leur vase à aumônes, entrèrent dans Çravastî pour mendier. Après être allés dans Çravastî pour mendier, ils firent le partage; et revenus de (la tournée pour) les aumônes, ils se rendirent au lieu où était Bhagavat. Y étant arrivés, ils saluèrent Bhagavat, puis s'assirent à une certaine distance : quand ils furent assis, les Bhixus adressèrent ce discours à Bhagavat :

« Ici, ô vénérable, le roi de Magadha, Ajâtaçatru, fils de Vedehî, ayant rassemblé une armée composée de quatre corps a marché contre le roi Prasenajit, de Koçala, jusqu'à Kâçî. . . . .
. . . . . . (comme ci dessus). . . . .

Puis, ô vénérable, le roi de Koçâla, Prasenajit, ayant rendu au roi de Magadha, tout son corps d'éléphants, de chars, de cavalerie, d'infanterie, le laissa aller vivant. » Tel fut leur discours.

Alors Bhagavat ayant connu cette affaire (ces circonstances) prononça à cette heure même ces gâthâs.

— L'homme tourmente (son semblable) aussi longtemps qu'il est poussé à le faire.

Et quand d'autres le tourmentent, tourmenté qu'il est, il tourmente à son tour.

L'ignorant pense à l'étourdie, tant que le mal ne mûrit pas pour lui.

Et lorsque le mal mûrit, alors l'ignorant subit la douleur (1).

(1) Ce vers est le 69e du Dhammapada : une seule variante se trouve

Tout meurtrier finit par être victime d'un meurtrier, tout victorieux d'un vainqueur.

Tout diseur d'injures d'un diseur d'injures, tout homme colère d'un homme colère.

C'est ainsi que par la révolution des actes, celui qui a été tourmenté tourmente à son tour.

(Sanyutta-nikâya I, Sâgatha. Kosala-Sanyutta II, 4, 5.)

Tel est le récit pâli qui présente, on le voit, d'assez notables différences avec le récit sanskrit.

La première à noter c'est qu'il sépare très-nettement et range sous deux récits distincts la période de revers et la période de succès du roi Prasenajit ; il se divise en deux sûtras bien déterminés quoique réunis sous un même titre : *Sangâme dve vuttâni* « deux discours à l'occasion d'une bataille. » Cette distinction n'aurait pas une très-grande importance, puisque le deuxième sûtra ne fait guère que répéter textuellement le premier, s'il n'y avait, comme le titre cité tout à l'heure l'indique, deux discours prononcés l'un à la suite de la défaite, l'autre à la suite de la victoire de Prasenajit ; tandis que le texte sanskrit ne donne qu'un seul discours, le plus court, et le premier des deux. Il est vrai que le deuxième discours pâli, quoique ne reproduisant aucun des termes du premier, n'est au fond que ce même discours présenté un peu différemment, développé, délayé ; il n'en est, à vrai dire, qu'une amplification et une sorte de commentaire.

Ici, l'on peut se demander lequel des deux textes reproduit le mieux la forme originale. Est-ce le pâli qui a développé ? Est-ce le sanskrit qui a abrégé ? La présence de l'épisode du

au premier mot : *madhurâ* « comme du miel » au lieu de *ṭhânanhi* qui est dans notre texte et que je rends par « à l'étourdie ». Le premier demi-hémistiche dans le Dhammapada doit se rendre ainsi : « L'ignorant regarde son action comme du miel. » Quasi mel (malefactum) æstimat stultus (Fausboll). Peut-être notre leçon devrait-elle se traduire ainsi : « l'insensé considère son action comme une base solide, quelque chose de stable (*ṭhânam* — sanskrit *sthânam*). »

Çresthi qui, dans le texte sanskrit, tient la place des redites du deuxième sûtra pâli pourrait faire croire à une abréviation de la part des compilateurs de l'Avadâna-çataka; elle ne suffit cependant pas pour la démontrer. Bornons-nous en ce moment à poser la question sur laquelle nous aurons à revenir.

La deuxième différence existant entre nos deux récits, qui mérite d'être notée, repose sur le rôle attribué au Buddha. Dans l'Avadâna-çataka, Prasenajit vainqueur vient consulter le maître qui donne un conseil sur la conduite à tenir dans une circonstance déterminée, en même temps qu'une instruction générale, et par là, intervient directement, joue son rôle dans l'affaire. Le Sanyutta-nikâya nous présente un spectacle tout différent; le Buddha n'y a aucune part à ce qui s'accomplit presque sous ses yeux; on ne le consulte pas, il n'a pas de conseil à donner; c'est un simple témoin et un juge désintéressé; il est informé par d'autres de ce qui se passe, et, suivant sa coutume, il donne à ses disciples une instruction provoquée par les événements du jour. Le rôle de ces disciples est assez curieux : ce sont eux qui mettent le Buddha au courant des faits; en allant le matin mendier par la ville pour faire leur provision de nourriture, ils récoltent des nouvelles en même temps que des aumônes, et rapportent le tout au Buddha; nous voyons par là que s'il leur est défendu d'ouvrir la bouche, en mendiant, il ne leur est pas ordonné de fermer les oreilles.

La version sanskrite et la version pâlie sont tellement vraisemblables et admissibles qu'on ne sait à laquelle donner la préférence. A la vérité, le récit pâli paraît plus conforme au caractère du Buddha, et le récit népalais semble pouvoir être taxé d'une sorte de falsification ayant pour but de grandir le Buddha par ce spectacle d'un roi venant chercher ses conseils; mais les récits pâlis eux-mêmes sont remplis d'épisodes de ce genre; et ce n'est véritablement pas dans cette partie du récit sanskrit qu'on peut chercher une altération volontaire du texte primitif.

Je n'insiste pas sur la similitude des deux récits, sur les expressions identiques, les mouvements de phrase tout à fait pareils qui se présentent dans l'un et dans l'autre, non plus que sur les menus détails par lesquels ils peuvent se différencier. Il est cependant deux de ces détails sur lesquels je crois devoir insister. Dans l'Avadâna-çataka, Prasenajit fait grâce à Ajâtaçatru parce qu'il est le fils de son camarade (Vayasya=æqualis); nous avons déjà expliqué le motif de cette qualification : dans le Sanyutta-nikâya, Prasenajit se dirige par cette considération que Ajâtaçatru est son neveu; cette circonstance est également relatée dans les livres bouddhiques; mais je crois qu'elle est propre aux bouddhistes du sud, ou du moins qu'ils y insistent plus particulièrement. Du reste c'est un point très-secondaire. L'autre me semble avoir plus d'importance. Le Sanyutta-Nikâya nous dit constamment que les armées belligérantes se dirigeaient sur Kâçî, et que c'est à Kâçî que se livrèrent les diverses batailles. Le récit sanskrit ne donne à entendre rien de pareil; partout où le pâli donne *Yena Kâçî* « ubi Kâçî » « là où est Kâçî »; il met *Yuddhâya* « ad pugnam », « pour le combat ». Cependant, le nom de Kâçî figure dans le récit népalais, mais beaucoup plus loin, dans la partie légendaire : lorsque le Çresthî, devenu roi pour une semaine, attire auprès du Buddha une foule d'adorateurs, le texte dit qu'il appela tous les habitants de Koçala et de Kâçî. Les deux textes s'accordent donc à nous montrer dans Kâçî l'enjeu de la guerre et le prix de la victoire. Quelle est cette ville de Kâçî que les deux rois se disputaient et dont Prasenajit demeura maître? Il est probable que c'est la célèbre ville de Bénarès qui était, à ce qu'il semble, limitrophe du Magadha et du Koçala, et que les deux rois devaient se disputer.

Examinons maintenant nos textes d'un point de vue plus général, en étudiant la grande et importante question de leur origine et de leur parenté mutuelle.

Et d'abord, il doit être évident pour tous que le récit de l'Avadâna-çataka (1) et celui du Sanyutta-nikâya, dérivent d'une

(1) Je le suppose réduit à la partie que j'ai appelée *historique*, et j'en détache complètement l'épisode du Çresthî.

source commune, et sont deux rédactions différentes d'un même texte originel. La différence de rédaction tient à celle des écoles. On sait que le petit véhicule se partage en dix-huit écoles, ce qui suppose dix-huit versions différentes pour chaque texte; — que, de plus, ces dix-huit écoles se groupent en quatre classes ou écoles supérieures principales, ce qui, en admettant un accord sur les points essentiels entre les écoles de chaque groupe, réduirait à quatre le nombre des versions qu'on pourrait s'attendre à voir reproduire les textes primitifs. Enfin, d'après un mode de répartition plus acceptable, toutes les dix-huit écoles secondaires appartiendraient à l'une de ces deux grandes sections : les *Sthâviras* et les *Mahâsanghikas*, dont la séparation doit être l'origine même des schismes bouddhiques. Il en résulte que toute tradition remontant aux origines, tout texte sur lequel les écoles secondaires seront parvenues à s'entendre doit avoir au moins deux formes, l'une propre à l'école des Sthâviras, l'autre à celle des Mahâsanghikas. Les deux textes qui font l'objet de ce travail ne sont pas le seul exemple de cette dualité ; nous en avons déjà rencontré plusieurs et nous espérons bien en rencontrer encore. Nous pouvons donc admettre que nos deux récits nous offrent deux versions distinctes d'un texte primitif, modifié selon les principes des deux grandes écoles, peut-être même selon les vues particulières de quelques écoles secondaires; l'un représente la version des Sthâviras; c'est peut-être le récit népalais; l'autre, celui des Mahâsanghikas, serait le récit du Sanyuttanikâya (1).

Je me suis déjà expliqué sur la difficulté qu'on éprouve à discerner dans les deux versions les éléments du récit originel. Ces éléments, on les retrouve sans contredit dans la

(1) La justification de cette attribution de chacun des textes à l'une des grandes écoles, exigerait des preuves qu'il serait trop long de développer, et qui d'ailleurs n'aboutiraient pas à une conclusion certaine; je n'avance, du reste, cette proposition que sous toutes réserves.

partie commune à l'une et à l'autre ; mais, dans la partie non commune, comment démêler la trace du texte primitif? Comment savoir si l'un des récits a amplifié ou si l'autre a resserré? lequel a modifié, lequel a conservé la forme première? Essayons cependant de peser les probabilités.

Le second sûtra pâli n'est que la répétition du premier, répétition textuelle dans la prose (sauf pour certaines phrases dont le récit népalais contient l'équivalent), répétition non textuelle dans les vers, qui ne sont, nous l'avons remarqué, qu'une sorte de commentaire du premier texte. La répétition est tellement dans le génie indien et surtout dans le génie bouddhique qu'elle n'étonne pas et paraît toute naturelle : malgré cette circonstance, il nous semble qu'on pourrait être fondé à considérer le deuxième sûtra pâli, comme le doublement d'un sûtra unique, qui, sans exiger un développement aussi étendu, contenait cependant en lui le germe d'un second sûtra, identique ou semblable en bien des points, et en un seul opposé à celui qui existait d'abord.

Cependant, s'il y a des raisons de croire que le deuxième sûtra pâli soit le développement d'un sûtra unique, étendu au moyen du procédé facile et fréquent de la répétition, on peut craindre que l'unique récit sanskrit ne soit la combinaison de deux récits primitivement distincts, qui pouvaient exister déjà dans la littérature du Nord, sous une forme un peu différente de celle que nous leur connaissons dans la littérature du Sud. Il ne faut pas oublier, en effet, que notre récit du Népal est un Avadâna, c'est-à-dire un récit destiné à montrer le rapport qui existe, au point de vue de la rétribution des œuvres, entre la vie présente et les existences passées ou futures. L'histoire du Çresthî a été évidemment ajoutée après coup à un texte déjà ancien afin de lui donner ce caractère spécial : on est alors porté à supposer que, pour compenser le développement nouveau, le rédacteur a cru pouvoir se permettre de faire des retranchements au sûtra primitif, à la condition de ne lui enlever rien d'essentiel ; et, de fait, si l'on admet cette hypothèse, on trouve que rien d'important n'y manque : l'épisode de l'intervention du Çresthî dans la guerre remplace et non sans avantage, de fastidieuses répétitions, et, quant aux vers, la seule partie dont l'absence puisse être regrettée, ils ne sont pas d'une originalité telle que le récit y perde notablement.

La considération des nécessités possibles d'un remaniement de textes nous oblige donc à conclure que l'altération doit se présumer plutôt de la part du compilateur népalais; mais je ne formule cette conclusion que sous deux réserves : 1° l'Avadâna, qui sert de base à notre étude, même dépouillé des accessoires ajoutés ultérieurement, peut n'être pas la reproduction parfaitement exacte du sûtra unique ou double, qui avait cours parmi les Bouddhistes du Nord depuis la séparation des écoles; 2° le double sûtra pâli, tel que nous l'avons, peut fort bien ne pas reproduire avec exactitude non-seulement le sûtra primitif, mais même la forme première que le sûtra avait revêtue dans l'école spéciale dont il émane. — En un mot, l'un et l'autre textes peuvent nous présenter des altérations du récit primitif; il peut y avoir eu deux sûtras qui ne seraient pas nos deux sûtras pâlis, il peut y avoir eu un sûtra unique qui ne serait pas notre sûtra népalais. Toutefois, les conclusions semblent devoir être plutôt en faveur du texte pâli, et c'est ce qui me porte à croire qu'il a mieux reproduit que l'autre texte le rôle attribué au Buddha dans le texte primitif : je ne reviens pas sur ce point, relativement auquel j'ai déjà donné mon avis, et dont la difficulté ne me paraît pas d'ailleurs susceptible d'une solution définitive.

Il nous semble donc qu'aucun des deux textes n'est la reproduction fidèle du texte primitif, qu'il a existé un texte antérieur probablement perdu, dont l'Avadâna-çataka et le Samyutta-nikâya nous rendent les traits principaux avec certaines modifications dues aux vues particulières des deux grandes écoles des Sthâviras et des Mahâsanghikas, peut-être aux caprices des écoles secondaires formées dans l'une et dans l'autre.

Il nous reste maintenant à rapprocher des deux versions précédemment étudiées un troisième récit, celui qui figure dans le commentaire du Dhammapada.

III. — RÉCIT DU DHAMMAPADA.

Le vers mis dans la bouche du Buddha par les deux textes dont nous avons donné ci-dessus la traduction, ce vers qui célèbre l'esprit pacifique, et condamne la passion guerrière, se trouve être le 201e du Dhammapada, ce choix de sentences empruntées, selon toutes les apparences, aux diverses collections bouddhiques et que j'intitulerais volontiers *Selectæ e Buddhæ concionibus sententiæ* ; mais les vers du deuxième de nos sûtras pâlis ne s'y trouvent pas, je crois pouvoir l'affirmer, à l'exception toutefois d'un seul, celui qui est relatif à l'insensé et qui est le 69e du Dhammapada ; il fait partie du Bâlavaggo. Nous pouvons nous dispenser d'insister et sur ce vers, qui dans notre texte peut fort bien se détacher de la stance dont il fait partie, et sur le récit intitulé *Uppalavannatherîvatthu* « récit relatif à la religieuse Utpalavarnâ » qui lui sert de commentaire ; mais nous ne pouvons négliger le vers 201, qui fait partie du chapitre intitulé *Sukha*, « Bien-être », et auquel correspond un récit intitulé *Passenadikosalavatthu*, « récit sur Prasenajit, roi de Koçala. » Fausböll l'a donné en entier dans son édition du Dhammapada (p. 353). Ce récit a l'avantage d'être fort court ; en voici la traduction.

« Un vainqueur engendre la haine, etc.... » Cette instruction sur la loi fut donnée par le Maître, lorsque, résidant à Jevatana, il prit pour texte la victoire du roi de Koçala.

Ce roi, en effet, étant sorti dans la direction du village de Kâçî, combattit son neveu Ajâtaçatru, et fut vaincu trois fois par lui. A la troisième fois, il se prit à penser : Comment ! je ne puis triompher d'un enfant presque encore à la mamelle (Xîra-mukham) ! Qu'ai-je affaire de vivre ? Et renonçant à la nourriture, il tomba sur son lit.

La nouvelle de ce qui lui était arrivé se répandit partout, dans la ville et dans le monastère. Les Bhixus le firent savoir au Tathâgata : « Vénérable (dirent-ils), le roi s'est avancé jusqu'au village de Kâçî ; il a été vaincu trois fois, et maintenant, de retour après sa défaite, « Je n'ai pu, dit-il, triompher d'un enfant presque à la mamelle ;

pourquoi vivrais-je encore? » Et, ayant renoncé à la nourriture, il s'est laissé tomber sur son lit.

A l'ouïe de ce discours, le maître dit : « On a beau être victorieux, on fait naître la haine ; le vaincu est abîmé dans la douleur. » Après avoir ainsi parlé, il prononça cette *gâthâ* :

Un vainqueur produit la haine, le vaincu est abîmé dans la douleur;
Celui qui est paisible vit dans le bien-être, ayant renoncé à la victoire
comme à la défaite.

Dans ce vers, les mots *la victoire*, etc..., signifient que celui qui en a vaincu un autre obtient sa haine en retour ; — ces mots : *le vaincu*, etc., signifient que celui qui a été vaincu par un autre est abîmé dans la douleur en se disant : « Quand à mon tour détruirai-je le contact odieux de mon ennemi? », et il demeure ainsi chagrin dans toutes les circonstances. — Ces mots : *celui qui est paisible*, etc., signifient que l'homme qui a amorti au-dedans de lui les passions et tout ce qui constitue la corruption (kleça), ou qui a détruit le mauvais courant, qui, en un mot, a renoncé à la victoire comme à la défaite, goûte le bien-être, et vit heureux dans toutes les circonstances.

Par cette explication, beaucoup obtinrent le fruit de *Çrota-apatti* et les autres.

Il est aisé de reconnaître que le récit du Dhammapada reproduit l'ensemble de celui du Sanyutta ; il en est comme l'abrégé, mais l'abrégé de la première partie seulement, celle qui raconte la défaite de Prasenajit. De même que le Sanyutta-nikâya, il ne prête pas au Buddha un rôle direct. Quant aux détails, comme ce récit les supprime presque tous, ils ne peuvent guère servir de terme de comparaison ; cependant il s'en trouve quelques-uns qui méritent l'attention : ainsi Ajatâçatru est appelé le neveu de Prasenajit, comme dans le Sanyutta-nikâya ; mais notre texte lui applique une autre qualification qui ne se trouve pas ailleurs, celle de Khiramukham (= Xîramukham) « à figure de lait », qui indique sa grande jeunesse relative (1). Le nom de Kâçi, est accompagné du

(1) L'expression *Xiramukham* correspond jusqu'à un certain point à celle de « fils de mon contemporain » employée par le récit sanskrit au lieu de « mon neveu » dont le pâli fait usage.

terme *gâmaka* dérivé de *grâma* et qui indique un village ou un ensemble de villages. Cette expression *Kaçigâmaka* pourrait donner à penser qu'il s'agit non pas précisément de Bénarès dont le nom ordinaire est souvent *Kaçî*, et plus généralement *Varânasi* et surtout *Vârânosî Kaçînam* (*Vârânasî* étant le nom de la ville, et *Kâçî* celui du peuple) mais de quelque autre localité, ou mieux encore du pays dont Bénarès était le centre ou la capitale; c'est ce qui est en effet le plus vraisemblable Les textes semblent donc s'accorder pour nous faire voir dans cette guerre une querelle motivée par la possession du pays de Bénarès.

Mais si le récit du Dhammapada suit celui du Sanyutta dans son ensemble, si plusieurs détails par lesquels il se distingue et acquiert une originalité dont il est juste de tenir compte n'accusent pas cependant une déviation du récit canonique obligeant de supposer une autre origine, d'un autre côté, il se rapproche du récit sanskrit par certains traits, qui, malgré la forme spéciale sous laquelle ils se produisent, prouvent invinciblement que le récit même conservé dans le Sanyutta-nikâya, n'est pas la source unique du récit conservé par le Dhammapada. La mention des trois défaites de Prasenajit, celle de son désespoir, toutes deux communes au récit du Dhammapada et à celui de l'Avadâna-çataka, mais parfaitement étrangères au texte du Sanyutta, établissent entre la version du Sud conservée dans le Dhammapada et la version du Nord un lien remarquable. Nous aurons à tenir grand compte de ce fait dans l'étude que notre sujet comporte sur les rapports du Dhammapada avec les autres recueils bouddhiques et sur l'origine qu'il y a lieu de lui attribuer; question ardue, qu'il serait téméraire de prétendre résoudre dès à présent, mais qu'il est bien permis d'aborder, ne fût-ce que pour indiquer les points essentiels sur lesquels elle appelle l'examen!

Le récit pâli que nous avons rapproché de l'avadâna sanskrit-tibétain de la collection népalaise et du Kandjour, en même temps que du sûtra pâli inséré dans le Sanyutta-nikâya, se réfère à un vers du Dhammapada et est tiré d'un commentaire. Circonstance étrange, en vérité ! Un même récit se trouve être texte dans le *Sanyutta-nikâya* et commentaire dans le *Dhammapada*. Dira-t-on que le récit ajouté au Dhammapada n'est qu'un abrégé du Sanyutta-nikâya ? Mais plus les textes se ressemblent, moins ils méritent d'être différemment qualifiés ! Et, d'ailleurs, comment un texte, fixé par un concile, sorti de la période d'incubation, et revêtu d'un caractère canonique, peut-il être donné sous une nouvelle forme (1) ? Aussi doutons-nous que ce récit soit l'abrégé du sûtra du Sanyutta-nikâya. Ne serait-il pas la version d'une école autre que celle dont procède le Sanyutta-nikâya ? Nous avons signalé dans ce récit des traits qui rappellent évidemment la version sanskrite du Népal. Comment expliquer cette coïncidence ? Ces détails ont-ils été transportés du récit pâli dans le récit népalais, ou empruntés au récit népalais par l'auteur du récit pâli ? C'est là une grave question qui se rattache à un point très-important de l'histoire littéraire du Bouddhisme.

Le commentaire du Dhammapada et presque tous les commentaires du Bouddhisme méridional sont attribués à Buddhaghosha : œuvre colossale, qu'on a peine à croire qu'un seul homme ait pu accomplir ! Aussi les bouddhistes, pour donner une idée des dons merveilleux de ce personnage, racontent-ils que cet éminent docteur écrivit un de ses ouvrages trois fois de suite, parce que, en vue de l'éprouver non moins que par malice, des divinités lui dérobèrent successivement les deux premières copies qu'il avait faites pour les présenter aux moines d'un couvent dont il désirait consulter la bibliothèque ; et l'on assure que les trois copies étaient parfaitement semblables entre elles, qu'il n'y avait pas de l'une à l'autre la moindre variation. Mais, toutes merveilles mises de côté, le rôle historique et littéraire attribué à Buddhaghosha dans le développement du Bouddhisme méridional est immense. Cependant ce

(1) Il nous paraît difficile d'admettre que le commentateur du Dhammapada, s'inspirant du Sanyutta, ait pu faire autre chose que de reproduire purement et simplement le texte de ce recueil.

grand docteur des bouddhistes du Sud était du Nord, de l'Inde propre ; il était né dans le Magadha, près de Bodhimanda, au lieu même où Çàkyamuni avait trouvé la Bodhi, et c'est là qu'il revint mourir après avoir rempli de son nom l'île de Ceylan et l'Indo-Chine. Son premier ouvrage avait été composé dans le Jambudvîpa (l'Inde propre) ; mais c'est à Ceylan qu'il avait été converti par Revato, c'est du moins ce que semble dire d'une façon assez affirmative le Mahâvanso. On peut donc avancer que Buddhaghosha représente dans sa personne le bouddhisme du Nord et le bouddhisme du Sud et l'union de l'un et de l'autre, à une époque assez tardive, au Ve siècle, c'est-à-dire dans un temps où la séparation des deux branches était depuis longtemps consommée. Toutefois, il paraît avoir été plus familiarisé avec le bouddhisme du Sud, pour lequel il a tant fait, qu'avec le bouddhisme du Nord, auquel les bouddhistes du Sud ont l'air de prétendre qu'il serait demeuré étranger. Si donc les textes pâlis nous présentent avec les textes sanskrits des rapports qu'on ne puisse expliquer que par un emprunt, nous devrions croire que Buddhaghosha aurait transporté du Sud au Nord les détails qui sont la matière de cet emprunt supposé : mais une semblable conclusion ne me paraît pas acceptable en général ; et, dans l'espèce, j'ai peine à croire que le texte de l'Avadâna-çataka, émané, sans aucun doute, d'un sûtra préexistant, eût été modifié d'après un commentaire étranger ; et il me paraît plus naturel d'admettre que Buddhaghosha ayant pu connaître les livres bouddhiques de l'Inde propre, plus peut-être que les annalistes du Sud ne veulent l'avouer, a mêlé à ses commentaires pâlis des souvenirs de ses anciennes lectures. Mais on peut expliquer autrement ces étonnants rapports.

L'œuvre principale de Buddhaghosha est la traduction complète en pâli des commentaires singhalais du Tripitaka (1). Ces commentaires, conservés dans la langue populaire depuis Mahinda, fils d'Açoka, et introducteur du Bouddhisme à Ceylan,

(1) Voir Max Müller : *Buddhaghosha's parables*, introduction.

seraient presque aussi anciens que le texte, ils dateraient au moins du 3e concile, celui d'Açoka, et de l'an 245 av. J.-C. où, selon l'opinion reçue, le canon bouddhique actuel aurait été arrêté. S'il en est ainsi, le récit qui nous occupe ne serait qu'une traduction d'un commentaire singhalais apporté du Magadha à Ceylan par Mahinda, en même temps que celui du Sanyutta compris dans le canon bouddhique. Mais ceci nous ramène à la question posée précédemment : comment Mahinda a-t-il pu apporter un récit sous forme de texte, et un récit semblable sous forme de commentaire, deux versions diverses d'un même récit? Car, entendons-nous bien, on comprend ici, sous le mot trompeur de *commentaire* deux choses fort distinctes : un commentaire est, à proprement parler, l'explication des mots et de la pensée du texte ; cette explication se trouve dans l'ouvrage appelé le commentaire du Dhammapada, à la suite de chaque stance ou *gâthâ* prononcée par le Buddha. Mais avant chacune de ces explications, il y a un récit historique ou soi-disant tel, des circonstances dans lesquelles cette même stance est censée avoir été prononcée : c'est là une explication historique du texte, bien distincte du commentaire philologique et philosophique. Or l'une et l'autre explication sont comprises sous le nom de commentaire (*Atthakathâ, Atthavannanâ*). Ce commentaire se divise donc en deux parties ; un récit à l'occasion du texte, et une explication littérale de ce même texte ; il est absolument nécessaire de les distinguer nettement. Or l'explication historique que nous trouvons dans le commentaire dont elle forme un élément essentiel, est aussi l'un des éléments essentiels des écrits appelés sûtras. Un sûtra doit contenir deux choses : 1° un enseignement du Buddha ; 2° un exposé des circonstances dans lesquelles l'enseignement fut donné : le récit peut être court et l'enseignement développé ; l'enseignement peut être bref, et le récit des événements d'une certaine étendue. Or le vers 201 du Dhammapada (je m'arrête à cet exemple parce qu'il est palpable), ce vers est une parole du Buddha : un commentaire peut en expliquer le sens, Buddhaghosha le fait dans son commentaire. Mais il faut savoir dans quelle circonstance cette parole fut prononcée ; le Sanyutta-nikâya nous avait déjà donné un récit de ces circonstances ; le commentaire du Dhammapada nous en donne un autre ; le fond des deux récits est le même ; la forme seule diffère. Pourquoi cette différence ? Est-elle le fait de Buddhaghosha ? Je comprends très-bien que Buddhaghosha, ayant lu le Sanyutta-nikâya, ayant peut-être lu un récit semblable dans son pays natal, le Magadha, ait pu composer un troisième récit, abrégé de l'un, augmenté de quelques-uns des détails de l'autre. Et encore pourrais-je m'étonner de cette différence, à moins que ce ne soit l'effet d'un calcul, et que Buddhaghosha n'ait voulu combiner les versions des différentes écoles. Mais si ce docteur célèbre n'a été, comme on le prétend, qu'un traducteur ; si son travail est simplement la reproduction en pâli du commentaire apporté par Mahinda avec le texte, et conservé en singhalais seulement jusqu'à Buddhaghosha, comment peut-on s'expliquer ces différences ? Serions-nous ici en présence d'une sorte d'éclectisme qui aurait consisté, lors de la réunion du concile de Pâtaliputra, à donner aux textes d'une certaine école le titre de livres canoniques et à conserver par tolérance quelques autres textes, mais en les reléguant parmi les commentaires ? Evidemment on ne peut rien conclure d'un exemple unique : l'étude approfondie d'un plus grand nombre de textes pourra seule nous apporter des lumières sur ce sujet ; mais il nous semble que le cas qui nous occupe et l'explication qu'il parait comporter jettent sur la question une certaine lueur, dont il est juste de tenir compte.

A cette question s'en joint une autre, qui lui est pour ainsi dire connexe, celle de l'origine du Dhammapada. Cet ouvrage est un recueil de 423 sentences, comme celle qui vient d'être étudiée ; pour les 423 vers, il y a 392 récits, formant ce qu'on appelle le commentaire ; il existe donc en général un récit pour chaque vers ; 31 vers seuls n'ont pas de récit spécial, de sorte que quelques-uns des récits s'appliquent à plusieurs vers à la fois : c'est ainsi que dans le XIVe chapitre, intitulé *Buddhavaggo*, il y a un groupe de 5 vers (188-192), dans lesquels les quatre vérités sont énumérées et qui n'ont pour eux cinq qu'un même récit. Si nous voulons conclure du particulier au général, d'un cas unique (1), il est vrai, aux 392 cas que comporte la matière, nous devons penser que les 392 récits qui servent d'explication historique aux 432 vers du texte, se retrouveront épars dans les cinq recueils du Sûttapitaka, comme celui du vers 201 se retrouve dans un des sûtras du Sanyutta-nikâya. Cela se réalisera-t-il? Je le crois; l'avenir seul pourra le démontrer. Et dans cette hypothèse, je demande ce que l'on devra penser de la formation du Dhammapada. Les sûtras ont-ils été composés pour expliquer le Dhammapada, ou le Dhammapada est-il un extrait des sûtras? Et si l'on me contestait le droit de poser la question dans ces termes généraux, il ne me coûterait rien de la réduire au cas spécial dont elle est issue, et de dire : Le vers 201 du Dhammapada a-t-il été extrait du 4ᵉ sûtra du 2ᵉ vaggo du Koçala-sanyutta? ou bien ce sûtra a-t-il été composé pour le vers 201 du Dhammapada? Mais posée dans ces termes, la question se généralise d'elle-même immédiatement, et donne une très-grande force à l'hypothèse que nous avons mise en avant : car on ne comprend pas, dans le Bouddhisme, une parole du Buddha ne se rattachant à aucun fait. Le Dhammapada, cette série de sentences, est le livre qui, par sa forme, répond le mieux à la définition et au sens du mot *sûtra*, « fil »; mais c'est celui qui répond le moins bien à ce que l'on appelle sûtra dans le langage bouddhique (2).

(1) Je pourrais dire double, car j'en ai depuis découvert un second.

(2) Dans l'Inde, tout écrit philosophique se compose d'une série de propositions versifiées, formant par leur ensemble un corps de doctrine. Cette série de propositions s'appelle *sûtra*, et sert de texte aux explications des docteurs qui ajoutent à chaque proposition un commentaire ou *bhâṣya* « discours. » Le Dhammapada qui, bien que faisant partie du Suttapitaka, n'a ni le titre, ni la forme d'un sûtra (bouddhique), est au contraire, dans la forme, ce que les écoles philosophiques du Brâhmanisme appellent un *sûtra*. Et les ouvrages bouddhiques qualifiés *sûtra* ne répondent nullement à la définition du sûtra brahmanique : car ils mêlent tout, ils réunissent le *sûtra* pro-

Je ne puis donc voir dans le Dhammapada qu'un extrait des sûtras : qu'il soit composé de vers choisis parmi les plus anciens, les plus parfaits, ceux que l'on considère comme les plus authentiques; qu'il nous donne la partie essentielle, importante, de l'enseignement; qu'il désigne surtout les sûtras auxquels on attachait le plus d'importance à l'époque où il fut composé, je n'y contreviens pas; mais je ne puis le considérer, dans sa forme actuelle, comme contemporain des sûtras, ni voir dans cet ouvrage autre chose qu'un résumé. On aurait choisi dans les textes les sentences les plus caractéristiques qu'on aurait ensuite groupées sous différents chapitres. Quand ce travail a-t-il pu être fait? Evidemment il doit être antérieur à Buddhaghosha. Date-t-il du concile de Pataliputra? Je ne voudrais pas l'affirmer quoiqu'on doive l'admettre, si véritablement le canon actuel est celui qui fut adopté dans le concile. Du reste, il serait téméraire de rien affirmer de précis sur une question aussi obscure, et il faut attendre que de nouvelles études l'aient encore éclairée.

Il y aurait du reste une autre manière d'expliquer l'existence du Dhammapada. Ce serait de le considérer comme la section des sûtras propre à une école spéciale : le Suttapitaka serait pour cette école le commentaire du Dhammapada, et l'ouvrage appelé Dhammapada serait un extrait de ce recueil. Cette interprétation ne fait du reste que combiner deux des idées que nous avons émises ci-dessus, et qui, croyons-nous, ne peuvent manquer de se produire dans toute théorie que l'on voudra formuler sur l'origine ou la formation des Ecritures bouddhiques, à savoir : 1° que la vaste collection pâlie contient

prement dit, c'est-à-dire le texte, la parole du Buddha, et le *Bhâṣya* c'est-à-dire le discours explicatif, en un mot. ils ne séparent pas ce que le Buddha a dit et ce que le témoin raconte. — Du reste, le mot *sûtra* est relativement récent dans le bouddhisme. On disait d'abord *Dharma* « doctrine » ; le mot sûtra a été adopté sans doute par imitation du Brahmanisme, à cause des paroles du Buddha que renferment ordinairement ou que doivent renfermer les ouvrages compris sous cette dénomination.

des textes émanant de différentes écoles et classés avec plus ou moins de méthode; 2° que plusieurs ouvrages sont dûs à la nécessité d'abréger, et de chercher dans le vaste ensemble d'un nombre presque immense de textes la substance et les éléments essentiels de la tradition et de la doctrine.

Je résume ainsi les résultats auxquels cette étude m'a conduit ou du moins les questions qu'elle m'a amené à poser, et que l'étude d'un plus grand nombre de textes pourrait seule permettre de résoudre d'une manière satisfaisante.

Le récit de l'Avadâna-çataka comprend deux portions distinctes, l'une légendaire, entée sur un récit primitif, et qui peut dater du temps de Kaniṣka et du 3e concile des Bouddhistes du Nord, c'est-à-dire d'un temps voisin du commencement de notre ère; l'autre bien antérieure et qui représente un ancien sûtra, reproduit textuellement, ou plutôt modifié de manière à ce que les parties essentielles aient été conservées.

Le récit du Saṃyutta-nikâya est parallèle à la portion la plus ancienne du récit de l'Avadâna-çataka; aucun de ces deux textes ne dérive de l'autre; mais tous deux proviennent d'une source commune, antérieure à la séparation des écoles.

Les deux récits représentent probablement sinon la version des deux écoles primordiales, au moins celle de quelques-unes des plus anciennes écoles faisant respectivement partie de ces deux groupes principaux. Le récit pâli se rattacherait à l'école des Mahâsanghikas, le récit népalais, à celle des Sthâviras; il est, dans tous les cas, probable qu'aucun d'eux ne reproduit le texte primitif; le récit pâli paraît être celui qui s'en rapproche le plus.

Le récit du Dhammapada apparaît comme une sorte de combinaison des deux précédents; on peut croire qu'il procede d'une école spéciale, distincte de celles qui ont fourni les deux autres récits.

Tous les récits du Dhammapada sont probablement des doubles des sûtras; ils appartiendraient aux écoles condamnées dans le concile de Pataliputra, compté par les bouddhistes du

Sud comme le troisième, et auraient été relégués dans le commentaire, tandis que les versions d'écoles approuvées auraient été admises dans le recueil canonique.

Le Dhammapada n'est point un livre original; c'est un recueil de textes choisis, formé dans l'une des conditions suivantes : ou bien d'un commun accord par les écoles représentées dans le concile de Pàtaliputra, ou bien par une école spéciale dont elle formait le manuel que le concile de Pataliputra aurait adopté, sans faire entrer dans son canon les récits qui accompagnaient le texte.

Je termine en rappelant que je suis loin de donner ces propositions comme des points parfaitement établis ; elles ont dans ma pensée une forme hypothétique que je n'ai pas fait toujours passer dans l'expression ; mais je crois pouvoir les considérer comme des éléments sérieux dans la discussion de l'origine, de la formation et du développement des Écritures bouddhiques.

Appendice A.

Le vers que tous nos textes s'accordent à reproduire a été cité page 4 et 5 sous sa forme sanskrite et sous sa forme pâlie. On ne sera peut-être pas fâché de trouver ici le texte des vers pâlis qui terminent le deuxième sûtra du Sanyutta-nikâya, et dont on a lu la traduction pages 20 et 21. N'ayant pas l'opportunité d'offrir au lecteur les textes tout entiers, je désire mettre sous ses yeux au moins la partie essentielle de ces textes et lui fournir ainsi un moyen de contrôle nécessaire. Voici ces vers :

Vilumpateva puriso || yâvassa upakappati ||
Yadâcaññe vilumpanti || so vilutto vilumpati || 1 ||
Thânanhi maññati bàlo || yâva pàpam na paccati ||
Yadâca paccati pâpam || atha bâlo dukkham nigacchati || 2 ||
Hantâ labhati hantarâm || jetâram labhati jayan ||
Akkosako ca akkosam || rosetârañca rosako ||
Atha kammavivattena || so vilutto vilumpatîti || 3 ||

Nous avons déjà dit que le 2e de ces vers est le 69e du Dhammapada qui lit seulement *madhuvâ* au lieu de *ṭhânan hi*. Fausböll renvoie avec raison aux vers 119 et 120 qui commencent, le 119e par : Pâpo pi passati bhadram, et le 120e par : Bhadro pi passati pâpam. — Le mot *bâlo* dans le dernier pada est de trop pour la mesure. Fausböll en fait la remarque (p. 260) et y voit l'effet de la négligence ; notre texte accuse l'universalité de la leçon.

Appendice B.

La phrase traduite ainsi (p. 27) : « La nouvelle de ce qui lui était arrivé se répandit partout dans la ville et dans le monastère, » répond au texte suivant dans Fausböll ; ath'assâsâvattim (atha sâ pavatti?) sakalavihâranangaram (c. —ramna —) patthari. (p. 353) — Il faut lire : Athassa sâ pavutti sakalavihâran nagaranca patthari »

Nota. Les appendices A et B ne se trouvent pas dans le compte rendu des séances de l'*Académie des Inscriptions et Belles-Lettres* (janvier-mars 1871), d'où ce mémoire est extrait. C'est ce qui fait qu'on a renoncé à reproduire ici la pagination du recueil de l'Académie.

Paris. — Imp. de E. Donnaud, rue Cassette, 9,

www.ingramcontent.com/pod-product-compliance
Lightning Source LLC
LaVergne TN
LVHW012021160826
845678LV00002B/961

* 9 7 8 2 3 2 9 6 6 3 2 5 8 *